Ella Hartmann

ACHTUNG, SCHULTÜTEN!

Kunterbuntes für den Schulanfang

Inhalt

3

Die Schule beginnt!

Es ist so weit: Der große Tag der Einschulung steht bevor. Das will natürlich gebührlich gefeiert werden, und im Zentrum aller Rituale zu diesem ganz besonderen Ereignis steht seit jeher die Schultüte. Sie wird mit stolzem Zahnlückenlächeln getragen und mit großer Freude ausgepackt, und man erinnert sich noch Jahrzehnte nach der eigenen Einschulung noch genau daran, wie die Schultüte aussah.

Besonders schön ist da natürlich eine selbst gemachte – und dafür habe ich Ihnen hier einige Ideen zusammengetragen. Von cool über niedlich bis einfach nur schön enthält dieses Buch für jeden Geschmack das passende Modell. Sowohl unerfahrene als auch geübte BastlerInnen kommen auf ihre Kosten.

Ich wünsche Ihnen viel Freude beim Schneiden, Kleben und Werkeln und einen wunderbaren Start in eine schöne, aufregende Schulzeit!

♡-lich,

Ella
Hartmann

Material & Hilfsmittel

Schultütenrohlinge

Alle Schultüten in diesem Buch sind aus
runden Rohlingen (70 cm hoch, Geschwistertüte 35 cm) ohne Manschette gearbeitet, die
in vielen verschiedenen Farben im Hobby-
fachhandel erhältlich sind. Ist die gewünschte
Farbe nicht zu bekommen, eine Tüte mit
entsprechendem Tonpapier umkleben. Die
Manschetten entweder aus Krepppapier oder
aus Stoff anbringen (siehe Seite 8).

Sonstiges Material

Kleinere Motive aus Tonpapier, größere aus
Tonkarton anfertigen. Beides gibt es im
Fachhandel in vielen Farben. Auch mit Stoffresten, Filz oder Kunstfell werden die Tüten
beklebt.
Bunte Brads aus dem Scrapbookingbedarf
sind wirkungsvolle Augen, Plastikknöpfe
nette zusätzliche Hingucker. Strasssteine
können besonders leicht mit dem CrystalPen
für Papier aufgebracht werden. Dabei Herstel-
lerhinweise beachten.

Hilfsmittel

Folgende Hilfsmittel werden bei fast allen
Modellen benötigt und in den Materialspal-
ten nicht mehr extra aufgeführt:

• Bleistift, Radiergummi und Transparent-
  papier oder Graphit-Kopierpapier (alternativ: Blaupapier, Kohlepapier) und Stift
• Schere
• Bastelskalpell mit Schneideunterlage
• Lineal
• Lochzange oder Locher
• spitze Schere
• evtl. Kreisstanzer
• evtl. Schaschlikspieß
• evtl. Näh-, Stopf-, oder Sticknadel
• evtl. CrystalPen

Hinweis

Kinder bitte nicht allein mit Textilkleber und
Bastelskalpell arbeiten lassen!

Grundkurs

Vorlagen übertragen

Es gibt zwei Möglichkeiten, Vorlagen zu übertragen:

a) Entweder Graphit-Kopierpapier (alternativ: Kohlepapier, Blaupapier) unter die Vorlagenzeichnung legen und das Motiv direkt mit einem Stift auf den Untergrund abpausen. So können auch gleichzeitig die innen liegenden Zeichnungen (z. B. Gesicht) mit übertragen werden.

b) Oder transparentes Zeichenpapier auf die Vorlage legen und die Motivlinien mit Bleistift nachzeichnen. Die Rückseite der Linien mit einem weichen Bleistift nachziehen. Diese Seite auf den gewünschten Tonkarton legen, und mit einem Bleistift die Linien des Motivs noch einmal nachzeichnen.

In beiden Fällen die Motivteile ausschneiden und evtl. noch sichtbare Bleistiftlinien mit einem Radierer entfernen.

Hinweis

Die Hauptmotive immer genau gegenüber der Schultütennaht auf die Tüte kleben!

Schablonen anfertigen

Wenn Motive mehrmals benötigt werden (z. B. bei den Bienen oder dem Blumenstrauß), empfiehlt es sich, Schablonen anzufertigen: Dazu die vom Vorlagenbogen abgepausten Zeichnungen auf Tonkarton kleben und an den Rändern exakt ausschneiden. Die Schablonen anschließend auf den gewünschten Untergrund legen, die Konturen mit Bleistift nachfahren und ausschneiden.

Kleben

Papiere mit Bastelkleber aufeinander fixieren. Größere Motive am besten mit doppelseitigem Klebeband auf den Schultüten anbringen, da sie so besser haften. Wenn das Motiv nicht vollständig aufliegen soll, reicht ein Streifen Klebeband. Ansonsten das Motiv komplett auf der Rückseite mit Klebeband versehen und die Konturen evtl. erneut ausschneiden. Um winzige Tröpfchen Kleber auf ganz kleine Teile aufzubringen, kann ein Schaschlikspieß hilfreich sein.
Stoffe und einzelne Lagen Filz mit Textilkleber fixieren. Wenn mehrere Lagen Filz aufeinander geklebt werden (z. B. beim Blumenstrauß auf Seite 34), empfiehlt es sich, Heißkleber zu verwenden.

Manschetten anbringen

Für die Manschetten entweder dünnes Bastel-krepppapier (36 g/qm), das sich gut einkleben lässt, oder Stoff verwenden.

1 Das Krepppapier oder den Stoff bei Schul-tüten auf 65 x 40 cm, bei Geschwistertüten auf 40 x 30 cm zuschneiden. Den Stoff an allen vier Kanten mit der Nähmaschine versäubern oder mit der Zickzackschere zuschneiden.

2 Eine Linie 2 cm unterhalb der Schultüten-öffnung anzeichnen. Dazu mit Bleistift und Lineal rund um die Tüte etwa alle 2 cm eine Markierung anbringen und diese anschließend verbinden.

3 Nun die Manschette Stück für Stück entlang der Linie so mit dem entsprechenden Kleber ankleben, dass Anfang und Ende der Manschette sich um ca. 4 cm an der Klebenaht der Tüte überlappen.

4 Wenn nicht anders beschrieben, die Manschette entlang der Kante mit Zackenlitze abdecken. Dazu 62 cm (Geschwistertüte: 37 cm) lange Litze mit Textilkleber genau auf der Kante aufkleben. Auch hier bei der Klebenaht der Schultüte beginnen, und auch hier sollten sich Anfang und Ende der Zackenlitze ca. 1 bis 2 cm überlappen.

5 Die fertige Schultüte mit kleinen Geschenken füllen (s. u.) und die Manschette wahlweise mit Bändern, Kordeln oder buntem Chenilledraht verschließen.

Tipps zum Befüllen der Schultüten

Neben den obligatorischen Süßigkeiten und Schulutensilien gibt es viele andere schöne Dinge, über die SchulanfängerInnen sich freuen: Ein (vielleicht sogar selbst genähtes?) Stiftemäppchen, einen Handschmeichler oder Halbedelstein als Glücksbringer, eine schöne Bento-Box, ein Armband oder eine Kette, Haarschmuck, Gutscheine für Schwimmbad, Jahrmarkt, Kino oder Kindertheater, Seifenblasen, besondere Radiergummis (z. B. zum Kneten oder in Tierform), ein Milchzahndöschen, einen Geldbeutel, Schlüsselanhänger, Kartenspiele, Regenschirm, einen schönen Turnbeutel …

Tüte mit Stoff ummanteln

Bei manchen Schultüten in diesem Buch wird der Rohling vorher mit Stoff bezogen.

1 Dazu den Stoff vorher gründlich bügeln, damit er ganz glatt ist und keine Falten mehr aufweist.

2 Dann den Stoff auf eine glatte Fläche legen, z. B. einen Tisch. Den Textilkleber in Abständen von 2 cm jeweils ringsherum auf der Schultüte anbringen. Den Schultütenrohling mit der Klebenaht auf der Unterkante des Stoffes platzieren und komplett in das Stoffstück einrollen. Es ist hilfreich, sich dabei von einer zweiten Person helfen zu lassen, die den Stoff während des Einrollens vorsichtig stramm zieht.

3 Den Stoff auf der Schultüte glatt streichen und überall leicht andrücken, damit er gut auf dem Untergrund haftet. Den Kleber einige Minuten trocknen lassen.

4 Anschließend den überstehenden Stoff an der Öffnung bis auf ca. 3 cm kürzen und alle 5 cm rundherum ca. 2 cm weit einschneiden. Dann den Innenrand der Schultüte auf 3 cm Breite mit Textilkleber versehen, den Stoff umschlagen und festdrücken. Dafür sind Wäscheklammern hilfreich.

Tütenspitze ummanteln

Manchmal sieht es schön aus, wenn sich die Spitze der Schultüte farblich abhebt. So lassen sich auch gut die Enden von aufgeklebten Motiven verstecken, z. B. die Wasserpflanzen beim Tiefseeschatz.

1 Den Zirkel am rechten Winkel des ausgewählten Papierbogens ansetzen und zuerst die Rundung mithilfe des Zirkels anbringen. Der Radius beträgt 16 cm. Dann mit dem Geodreieck 70 Grad abmessen, eine Linie bis zur Ecke des Papierbogens anzeichnen und den Kreisabschnitt ausschneiden.

2 Das Tonpapier mehrmals über eine Tischkante ziehen, um es besser formbar zu machen. Entlang beider Längskanten doppelseitiges Klebeband aufbringen, die Schutzfolie abziehen und den Kreisabschnitt, ausgehend von der Klebenaht der Schultüte, um die Spitze der Schultüte kleben.

Astronaut

Material

- Schultütenrohling in Schwarz, 70 cm
- Krepppapier in Rot, 65 x 40 cm
- Zackenlitze in Weiß, 62 cm
- Fotokarton in Weiß, Hellblau, Mittelblau, Rot, Zitronengelb, Sonnengelb, Orange, Silber, Gold, DIN A4
- Fineliner in Schwarz
- deckender Gelschreiber in Weiß
- Chenilledraht in Blau
- Bastelkleber
- doppelseitiges Klebeband

Vorlage A

1 Übertragen Sie die Vorlagen laut Foto auf den entsprechenden Fotokarton (s. Seite 7) und schneiden Sie alle Motiveinzelteile aus. Fenster und Tragflügel je zweimal arbeiten.

2 Fügen Sie die Einzelteile der Rakete zusammen. Umranden Sie alle Fenster in Schwarz und verzieren Sie die rote Spitze. Platzieren Sie den Raketenrumpf mit doppelseitigem Klebeband mittig auf dem Schultütenrohling.

3 Fixieren Sie das Visier auf dem Astronautenanzug, umranden Sie es mit schwarzem Fineliner und malen Sie den Reißverschluss auf. Fixieren Sie den Astronauten mit Bastelkleber leicht versetzt oberhalb der Rakete.

4 Der Planet mit schwarz aufgemalten Kringeln samt Ring findet unterhalb der Rakete seinen Platz. Je sechs Sterne in Silber und Gelb auf der Tüte verteilen.

5 Malen Sie mit weißem Gelschreiber das Versorgungskabel der Abbildung entsprechend auf und verzieren Sie das gesamte Motiv mit kleinen Punkten in der Größe von 2 bis 5 mm Durchmesser.

6 Bringen Sie Manschette, Zackenlitze und Chenilledraht an, wie im Grundkurs auf Seite 8 beschrieben.

Autobahn

Material

- Schultütenroh-
  ling in Blau,
  70 cm
- Tonpapier in Hell-
  grau, 50 x 70 cm
- Tonpapier in
  Weiß, Rot, Oran-
  ge, Türkis, Grün,
  Orange, Lila,
  Schwarz, DIN A4
- Fotokarton in Rot,
  Grün, Gelb, DIN A4
- Krepppapier in Rot,
  65 x 40 cm
- Zackenlitze in Gelb,
  62 cm
- Fineliner in Schwarz
- Chenilledraht in Rot
- doppelseitiges Klebeband
- Bastelkleber

Vorlage B

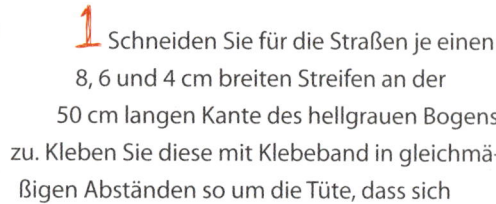

1 Schneiden Sie für die Straßen je einen 8, 6 und 4 cm breiten Streifen an der 50 cm langen Kante des hellgrauen Bogens zu. Kleben Sie diese mit Klebeband in gleichmä-ßigen Abständen so um die Tüte, dass sich Anfang und Ende dabei an der Klebenaht treffen. Überstände sauber abschneiden. Die weißen Mittelstreifen haben von oben nach unten folgende Maße: 6 x 48 cm, 5 x 38 cm und 4 x 24 cm.

2 Umriss und Türen der Autos auf die farbigen Tonpapiere übertragen (s. Sei-te 7) und ausschneiden, dabei haben Sie die Wahl zwischen PKW und Bulli. Reifen doppelt ausschneiden. Fixieren Sie Fenster und Räder und bringen Sie die Konturen laut Foto an. Sie benöti-gen von oben nach unten etwa sechs, fünf und drei Autos. Kleben Sie die Fahrzeuge jeweils mit doppelseitigem Klebeband auf.

3 Bringen Sie Manschette und Zacken-litze an der Schultüte, wie auf Seite 8 beschrieben. Je vier rote, gelbe und grüne Kreise (2 cm Ø: Vorlage größtes Rad) ausschneiden oder -stanzen und diese wie Ampellichter oberhalb der Zackenlitze fixieren. Die Tüte mit Chenille-draht schließen.

Lustiger Clown

Material

- Schultütenrohling in Gelb, 70 cm
- Fotokarton in Blau-Rot gestreift, Blau mit weißen Punkten, Rot mit weißen Punkten DIN A4
- Fotokarton in Orange, Rot, Grün, Hellblau, Blau, Gelb, Weiß, DIN A4
- Filzstift in Schwarz
- Baumwollstoff in Pink-Rot gestreift, 65 x 40 cm
- Bommelborte in Lila, 62 cm
- Chenilledraht in Lila
- Textilkleber
- doppelseitiges Klebeband
- Bastelkleber

Vorlage C

1 Übertragen Sie alle Vorlagen gemäß der Abbildung auf die entsprechenden Papiere (s. Seite 7) und schneiden Sie alles aus. Den Körper zweimal anfertigen, Schuhe und Hände zweimal seitenverkehrt arbeiten. Schnürsenkel und Sohle aufmalen. Den Flicken mit schwarzen Stichen versehen und fixieren.

2 Fügen Sie den Kopf zusammen. Malen Sie Augen und Mund gemäß der Vorlage mit dem Filzstift auf.

3 Fixieren Sie Schuhe und Hände von unten an den beiden Körper-Streifen und kleben Sie diese mit doppelseitigem Klebeband leicht schräg so auf die Tüte, dass die Hände etwa 1 cm Abstand haben und die Füße ca. 6 cm, dabei die Schuhe nicht fixieren. 3,5 cm oberhalb der Hände den Kopf mit Klebeband anbringen.

4 Fertigen Sie Manschette und Borte an, wie auf Seite 8 beschrieben, und verzieren Sie die Kante mit halbierten gepunkteten Kreisen. Eine weitere kleine Bordüre etwa 6 cm unter dem Clown platzieren. Chenilledraht verschließt die Tüte.

Geschwistertüte

Material

- Schultütenrohling in Weiß, 35 cm
- Baumwollstoff in Blau gestreift, 40 x 50 cm
- Fotokarton in Orange, Rot, Rosa, Grün, Gelb, Weiß, DIN A4
- Fineliner in Schwarz
- Stoff in Gelb mit Ornamenten in Gelb, 40 x 30 cm
- Zackenlitze in Rot, 37 cm
- Chenilledraht in Rot
- Bastelkleber
- Textilkleber

Vorlage C

1 Beziehen Sie den Geschwistertütenrohling mit dem Baumwollstoff, wie auf Seite 9 beschrieben.

2 Übertragen Sie die Vorlage des Clown-Kopfes auf die entsprechenden Kartone (s. Seite 7) und schneiden Sie alles aus. Setzen Sie den Kopf des Clowns zusammen und ergänzen Sie Augen und Mund. Kleben Sie den Clowns-Kopf mit Textilkleber auf die Schultüte.

3 Bringen Sie die Manschette an, wie auf Seite 8 beschrieben, und verzieren Sie den Rand mit der roten Zackenlitze. Verschlossen wird die Tüte mit rotem Chenilledraht.

Krawall-Prinzessin

Material

- Schultütenrohling in Rosa, 70 cm
- Fotokarton in Weiß mit roten Punkten, Rosa, Pink, Weiß, Rot, Türkis, Gold, DIN A4
- Bastelfilz in Rot, Gelb, Hautfarben, DIN A4
- Stoff in Rosa mit Blümchen in Pink, 65 x 40 cm
- Stoff in Rosa mit roten Steifen, ca. 5 x 15 cm
- Tüll in Rosa, 10 x 30 cm
- Zierborte in Kronenzacken-Optik in Gold, 62 cm
- Strasssteine zum Kleben in Rot, Rosa, Transparent, Pink, ca. 2,8 mm Ø
- 4 Brads in Schwarz, 4 mm Ø
- Fineliner in Schwarz
- Textilkleber
- doppelseitiges Klebeband
- Garn in Rosa

Vorlage D

1 Falten Sie für das Tutu den Tüllstreifen der Länge nach in der Mitte, ziehen Sie einen doppelten Faden ca. 1 cm unterhalb der Mittelfalz mit einfachen Heftstichen durch den Tüll und raffen Sie ihn auf 6 cm Breite zusammen. Verankern Sie den Faden so fest, dass der Tüllrock seine Form behält.

2 Übertragen Sie alle Vorlagen, wie auf Seite 7 beschrieben, und schneiden Sie Kopf, Frisur, Rumpf mit Armen sowie zweimal seitenverkehrt die Beine aus weißem Fotokarton aus. Versehen Sie jeweils eine Seite des Kartons mit doppelseitigem Klebeband und säubern Sie die Ränder.

3 Nach Abziehen der Schutzfolie drücken Sie die Körperteile jeweils fest auf die zugehörige Textilie und schneiden sie anschließend aus: Die Frisur auf gelben Filz; Rumpf mit Armen, Gesicht und eins der Beine auf hautfarbenen Filz; das zweite Bein auf den gestreiften Stoff. Den geringelten Strumpf verzieren Sie nach Herstelleranleitung vorher mithilfe des CrystalPens mit Strasssteinen, die Zöpfe mit Spangen aus Strasssteinen.

4 Die Schuhe seitenverkehrt aus rotem und türkisfarbenen Fotokarton ausschneiden, mit Fineliner laut Vorlage bemalen und mit Textilkleber an die Beine kleben. Das Shirt aus dem gepunkteten Fotokarton mit Strasssteinen verzieren.

5 Positionieren Sie die Frisur mit Textilkleber am Kopf und setzen Sie den Kopf leicht schräg auf den Hals. Malen Sie Mund und Nase auf. Rote Filz-Bäckchen hinzufügen. Die Brads als Augen einsetzen, dazu vorher jeweils ein kleines Loch produzieren.

6 Schneiden Sie mit einem scharfen Bastelskalpell einen Schlitz für die bewegliche Zunge entlang des aufgemalten Mundes. Kleben Sie Zunge und den Stern in Pink zusammen und verzieren Sie den Stern üppig mit pinkfarbenen Strasssteinen. Stecken Sie zum Schluss die Zunge von hinten durch den Mund.

7 Damit die Beine beweglich bleiben, werden sie jeweils mit einem Brad am Rumpf befestigt. Dazu stechen Sie vorher entsprechende Löcher. Kleben Sie dann das Tutu mit Textilkleber am Rumpf fest und positionieren Sie das gepunktete Shirt so mit Textilkleber auf dem Rumpf, dass es den "Bund" des Tutus etwas überdeckt.

8 Nun bekleben Sie die Rückseiten von Rumpf, Armen, Hals und Zöpfen mit doppelseitigem Klebeband, lassen aber oben in der Mitte eine freie Stelle für die bewegliche Zunge. Fixieren Sie die Prinzessin mittig vorne auf der Schultüte und achten Sie darauf, dass die Zunge nicht aus dem Schlitz rutscht.

9 Schneiden Sie 16 goldene Sterne aus, setzen Sie in jede Sternenspitze einen transparenten Strassstein und kleben Sie die Sterne mit Klebeband gleichmäßig verteilt auf.

10 Bringen Sie die Manschette und Borte an, wie auf Seite 8 beschrieben und verschließen Sie die Tüte mit Chenilledraht.

Geschwistertüte

Material

- Tütenrohling in Weiß, 35 cm
- Stoff in Weiß mit Herzen in Rosa, 40 x 50 cm
- Tüll in Rosa, 40 x 30 cm
- Fotokarton in Gold, DIN A4
- Strasssteine zum Kleben in Pink, ca. 2,8 mm Ø
- Zierborte in Kronenzacken-Optik in Gold, 37 cm
- Chenilledraht in Rosa
- Textilkleber

Vorlage D

1 Beziehen Sie den Tütenrohling mit dem Stoff, wie auf Seite 9 beschrieben.

2 Schneiden Sie zehn Sterne aus goldenem Fotokarton aus, versehen Sie die Zackenspitzen evtl. mithilfe des CrystalPens nach Herstellerangaben jeweils mit einem Strassstein und verteilen Sie die Sterne gleichmäßig mit Textilkleber auf der Schultüte.

3 Bringen Sie den Tüll als Manschette an der Schultüte an (s. Seite 8) und decken Sie die Stoffkante mit der Zierborte ab. Chenilledraht verschließt die Tüte.

19

Tafel mit Buchstaben

Material

- Schultütenrohling in Rot, 70 cm
- Tonpapier in Braun, DIN A4
- selbstklebende Tafelfolie, ca. 9 x 7 cm
- Kordel in Rot-Weiß, ca. 25 cm lang
- kleines Schwämmchen
- Buchstaben und Zahlen aus Filz, selbstklebend
- Krepppapier in Gelb, 65 x 40 cm
- Zackenlitze in Grün, ca. 62 cm
- Metallniete in Silber (Scrapbooking-bedarf), 4 mm Ø
- Chenilledraht in Dunkelblau
- doppelseitiges Klebeband
- Bastelkleber
- Textilkleber

Vorlage E

1 Übertragen Sie die Vorlage auf braunes Tonpapier (s. Seite 7) und schneiden Sie den Rahmen für die kleine Schreibtafel aus. Bringen Sie an der linken unteren Ecke die Niete an, fädeln Sie die Kordel hindurch, befestigen Sie den Schwamm mithilfe einer Stopfnadel auf der Schnur und verknoten Sie die Enden.

2 Kleben Sie den Tafelrahmen mit schmalen Streifen doppelseiti-gen Klebebands auf die Tafelfolie und lassen Sie die Ecke mit dem Schwamm dabei aus. Schneiden Sie die Tafel sauber aus der Folie aus, lösen Sie die Schutzfolie auf der Rückseite und kleben Sie die Tafel etwa 15 cm unterhalb der Oberkante mittig auf die Vorderseite der Schultüte.

3 Bringen Sie Manschette und Zackenlitze an, wie auf Seite 8 beschrieben. Verteilen Sie die selbstklebenden Buchstaben und Zahlen willkürlich auf der gesamten Tüte und verschließen Sie die Manschette mit Chenilledraht.

Anleitung & Materialangaben Seite 24–27

Put a bird on it!

Material

- Tütenrohling in Gelb, 70 cm
- Tonkarton in Türkis, DIN A4
- Fotokarton in Rot, DIN A4
- Bastelfilz in Mittelblau und Rot, DIN A4
- 20 verschiedene kleine Stoffreste, je ca. 5 x 8 cm
- Stoff in Hellblaugrau mit weißen Punkten, 65 x 40 cm
- Zackenlitze in Rot, 62 cm
- Seidenkordel in Hellblau, 1 m
- Brad in Schwarz, 4 mm Ø
- Filzstift in Schwarz
- Chenilledraht in Rot

Vorlage F

1 Schneiden Sie für die Wimpelkette mithilfe der Vorlage 18 Dreiecke aus den verschiedenen kleinen Stoffresten aus. Versehen Sie die zusätzliche Lasche jeweils mit einem Streifen Textilkleber und legen Sie die Seidenkordel knapp darunter an. Nun die Lasche zuklappen und den Stoff fest andrücken. Auf diese Weise bringen Sie alle Wimpel jeweils in einem Abstand von etwa 3 cm zueinander an der Kordel an.

2 Kleben Sie die Wimpelkette mit Textilkleber Stück für Stück spiralförmig um die Schultüte. Beginnen Sie oben an der rückwärtigen Klebenaht des Tütenrohlings. Der Abstand zwischen den ersten beiden Windungen sollte dabei nicht zu klein werden, damit der Vogel später noch Platz hat.

3 Übertragen Sie Körper und Schnabel des Vogels laut Vorlage auf blauen und roten Filz, Flügel und Brust auf verschiedene Stoffe, schneiden Sie alles aus und kleben Sie die Einzelteile mit Textilkleber auf bzw. unter den Vogelkörper. Das Auge besteht aus einem Brad. Dafür vorher mit einer Lochzange oder einer spitzen Schere ein kleines Loch anbringen.

4 Versehen Sie den Vogel auf der Rückseite mit doppelseitigem Klebeband (Schnabel auslassen) und kleben Sie ihn ca. 1,5 cm oberhalb der mittleren Wimpelkette auf die Schultütenvorderseite. Den Schnabel mit einem kleinen Tropfen Textilkleber an der Schultüte befestigen. Malen Sie die Vogelfüße mit schwarzem Filzstift auf.

5 Bringen Sie die Stoffmanschette und Litze an, wie auf Seite 8 beschrieben. Schneiden Sie 15 Herzen aus rotem Fotokarton aus und kleben Sie diese mit Textilkleber mit ca. 0,5 cm Abstand zueinander so auf den Stoffhimmel, dass sie etwa zu einem Drittel überstehen. Verschließen Sie die Tüte mit Chenilledraht.

6 Fertigen Sie eine Ummantelung für die Schultütenspitze an, wie auf Seite 9 beschrieben. Legen Sie diese so um die Schultütenspitze, dass das Ende der Wimpelkette verdeckt wird. Überkleben Sie die Kante des Tonpapiers mit Zackenlitze, wie bei der Manschette beschrieben.

Strahlende Sonne

Material

- Tütenrohling in Türkis, 70 cm
- Fotokarton in Weiß, DIN A4
- Tonpapier in Orange, Gelb,
  DIN A4
- Stoff in Rot mit weißen Punkten,
  in Gelb mit weißen Punkten, in
  Weiß mit gelben Ornamenten,
  je 140 x 10 cm
- Stoff in Hellblaugrau mit weißen
  Punkten, 65 x 40 cm
- 2 Brads in Schwarz, 4 mm Ø
- Chenilledraht in Weiß
- Bastelkleber
- permanenter Filzstift in Schwarz

Vorlage G

1 Fertigen Sie von den drei Strahlenvorlagen Schablonen an (s. Seite 7). Bekleben Sie jeweils die Rückseite des roten, gelben und weißen Stoffes etwa 20 cm weit sorgfältig mit doppelseitigem Klebeband. Übertragen Sie die Strahlen mithilfe eines wasserfesten Filzstiftes auf die Folie des Klebebandes wie folgt: je vier lange Strahlen in Gelb und Weiß, acht kurze Strahlen in Rot. Schneiden Sie alles aus.

2 Übertragen Sie die Vorlagen der Sonne auf das entsprechende Tonpapier und schneiden Sie alles aus. Markieren Sie den Umriss des großen Kreises so auf der Schultüte, dass der untere Rand des Kreises etwa in der Mitte der Schultüte liegt.

3 Kleben Sie nun die Strahlen so auf die Tüte, dass die kurze Kante jeweils 5 mm innerhalb des markierten Kreises liegt. Beginnen Sie mit den gelben Strahlen auf zwölf, drei, sechs und neun Uhr. Es folgen die weißen Strahlen jeweils genau in der Mitte dazwischen, und die roten wiederum in der Mitte zwischen den gelben und weißen Strahlen.

4 Fügen Sie das Sonnengesicht mit Bastelkleber zusammen und setzen Sie schwarze Brads als Augen ein, dazu vorher kleine Löcher stechen. Den Mund aufmalen. Kleben Sie das Sonnengesicht mit Klebeband mittig auf die Sonnenstrahlen.

5 Fertigen Sie die Manschette der Schultüte, wie auf Seite 8 beschrieben, und umkleben Sie diese anschließend in gleichmäßigen Abständen mit ca. zehn weißen Fotokarton-Wölkchen. Schließen Sie die Tüte mit weißem Chenilledraht.

Roboter

Material

- Schultütenrohling in Rot, 70 cm
- Tonkarton in Silber, Hellgrün, Rosa, Orange, Dunkelgrau, Türkis, Rot, DIN A4
- Permanent-Fineliner in Schwarz
- Fineliner in Schwarz
- 3 verschiedene Stoffreste, gelb gemustert, à 10 x 10 cm
- 4 Brads in Schraubenoptik in Messing, 5 mm Ø
- 2 Brads in Schwarz, 3 mm Ø
- Krepppapier in Grün, 65 x 40 cm
- Zackenlitze in Orange, 62 cm
- Chenilledraht in Orange

Vorlage H

1 Übertragen Sie die Vorlagen für den Roboter (s. Seite 7) laut Bild auf die entsprechenden Papiere und schneiden Sie die Beine, die Schultergelenke, die Füße und die Zeiger sowie den Schalter (großer Kreis) je zweimal aus.

2 Den Arm mit seinem Ellenbogengelenk viermal anfertigen, aber für die Unterarme die Vorlage um je 1 cm kürzen. Den kleinen Kreis zweimal als rosafarbene Bäckchen, zweimal als grüne Kniegelenke und einmal in Orange für die Antenne ausschneiden.

3 Fügen Sie zunächst alle Teile des Roboters zusammen. Die Arme werden an den Ellbogengelenken zuerst geklebt, dann mithilfe einer spitzen Schere durchbohrt und mit einem Brad in Schraubenoptik verziert. Der linke Arm des Roboters zeigt nach unten, der rechte zeigt, im Gelenk angewinkelt, nach oben. Die Kniegelenke ebenfalls mit einem Brad versehen.

4 Kleben Sie das Herz auf, umranden Sie es mit dem normalen Fineliner und zeichnen Sie eine Herzschlag-Linie. Die zwei Schalter mit Zeiger anbringen und ebenfalls schwarz umfahren.

5 Fertigen Sie dann den Kopf mit Bäckchen und Antenne an, bringen Sie die beiden kleinen schwarzen Brads als Augen an und zeichnen Sie mit dem permanenten Fineliner den Mund auf.

6 Für die drei Luftballons bekleben Sie die Rückseiten der Stoffreste vollständig mit doppelseitigem Klebeband. Dann übertragen Sie die Vorlage der Luftballons mit dem permanenten Fineliner auf die Schutzfolie, schneiden alles aus und kleben die Ballons überlappend etwa 8 cm über die rechte Hand des Roboters. Ergänzen Sie die schwarzen Knoten und Schnüre (am besten mit Bleistift und Lineal vorzeichnen).

7 Fertigen Sie die Manschette aus grünem Krepp und gelber Zackenlitze an, wie auf Seite 8 beschrieben. Verschließen Sie die Manschette mit Chenilledraht.

Blaues Monster

Material

- Schultütenrohling in Weiß, 70 cm
- Stoff in Gelb mit orangefarbenen Kringeln, 65 x 40 cm
- Kunstfell in Blau, 140 x 50 cm
- Bastelfilz in Rot, Weiß, DIN A4
- 2 Kulleraugen, je 10 und 14 cm Ø
- Chenilledraht in Gelb
- Stickgarn in Schwarz
- Textilkleber

Vorlage J

1 Beziehen Sie den Schultütenrohling mit dem gelben Stoff (s. Seite 9).

2 Schneiden Sie einen 3 x 62 cm langen Streifen für die Oberkante der Schultüte und einen Kreisausschnitt für die Ummantelung der Tütenspitze aus blauem Kunstfell, wie auf Seite 9 beschrieben. Übertragen Sie die Vorlage (s. Seite 7): das Monster auf das Fell, das Herz auf roten, die Zähne auf weißen Filz, und schneiden Sie alles aus.

3 Bringen Sie die Kreppmanschette mit dem Plüschstreifen als Abdeckung sowie die Ummantelung der Spitze an, wie auf den Seiten 8 und 9 beschrieben.

4 Fixieren Sie das Herz auf der rechten Brustseite des Monsters und umranden Sie es mit schwarzen Überwendlichstichen. Mit Rückstichen den Mund des Monsters aufsticken. Augen und Zähne mit Textilkleber aufkleben.

5 Zum Schluss fixieren Sie das Monster mittig auf der Schultüte und verschließen diese mit Chenilledraht.

Anleitung & Materialangaben Seite 34–35

Blumenstrauß

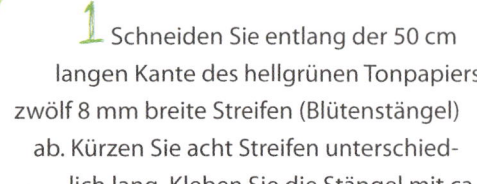

Material

- Schultütenrohling in Dunkelgrün
- Tonpapier in Hellgrün, 50 x 70 cm
- 2 Packungen Bastelfilz in vielen verschiedenen Farben, DIN A4
- ca. 40 bunte Plastikknöpfe
- Zackenlitze in Hellblau, ca. 62 cm
- Baumwollstoff in Hellgrün mit blauen Punkten, 65 x 40 cm
- Chenilledraht in Grün
- Textilkleber
- Bastelkleber
- Heißkleber

Vorlage K

1 Schneiden Sie entlang der 50 cm langen Kante des hellgrünen Tonpapiers zwölf 8 mm breite Streifen (Blütenstängel) ab. Kürzen Sie acht Streifen unterschiedlich lang. Kleben Sie die Stängel mit ca. 12 cm Abstand zur Spitze mit Bastelkleber rund um die Schultüte und versehen Sie die Tütenspitze mit einer Ummantelung (s. Seite 9).

2 Schneiden Sie entsprechend der Vorlage etwa 90 bis 120 verschiedene Formen in allen Farben für 30 Blumen aus Filz aus. Aus drei bis fünf Filzteilen und einem Knopf als Blütenmitte kleben Sie dann nach Belieben die verschiedenen Blumen mit Heißkleber zusammen.

3 Bringen Sie Manschette und Zackenlitze mit Textilkleber an, wie auf Seite 8 beschrieben, und kleben Sie die Blüten mit Heißkleber auf. Verteilen Sie dabei erst einige größere Blüten auf die Blütenstängel und setzen Sie kleinere dazwischen und daneben. Einige Blüten dürfen dabei ruhig in die Manschette hineinwachsen. Schließen Sie die Tüte mit grünem Chenilledraht.

Fleißige Bienchen

Material

- Tütenrohling in Hellrot, 70 cm
- Tonkarton in Grün, Türkis, Lila, Hellblau, Weiß, Schwarz, Rosa, DIN A4
- 2x Tonkarton in Schwarz-Gelb gestreift, DIN A4
- 10 Plastikknöpfe in verschiedenen Farben, 12 mm Ø
- Filzstift in Schwarz
- deckender Gelschreiber in Weiß
- Zackenlitze in Rosa, 62 cm
- Stoff in Weiß mit rosa Blümchen, 65 x 40 cm
- Chenilledraht in Rosa
- Textilkleber
- doppelseitiges Klebeband, 5 cm breit
- Bastelkleber

Vorlage L

1 Fertigen Sie von allen Vorlagen Schablonen an (s. Seite 7). Übertragen Sie die vier Teile für die Biene jeweils zehnmal auf die entsprechenden Farben und schneiden Sie alles aus. Fertigen Sie insgesamt zehn Blumen in Türkis, Lila, Hellblau und Rosa sowie zehn grüne Blätter.

2 Kleben Sie die Flügel mit Bastelkleber vorn und hinten so an den Bienenrücken, dass die Flügel ein „V" bilden. Fügen Sie die Köpfe hinzu und malen Sie ihnen mit weißem Gelschreiber freundliche Gesichter auf.

3 Versehen Sie jede Blume mit einem Blatt und einem Knopf. Auf der Rückseite der fertigen Blumen und Bienen doppelseitiges Klebeband hinzufügen und alles gleichmäßig verteilt auf der Schultüte aufkleben. Ergänzen Sie mit einem schwarzen Filzstift bei jeder Biene noch die Fühler.

4 Beenden Sie die Tüte mit Manschette, Litze und Chenilledraht, wie auf Seite 8 beschrieben.

Tiefseeschatz

Material

- Schultütenrohling in Türkis, 70 cm
- Reste von gepunktetem und gestreiftem Stoff, je ca. 8 x 6 cm
- Stoffrest in Gelb mit weißen Punkten, ca. 10 x 12 cm
- Stoff in Hellblau mit dunkelblauen Streifen, 65 x 40 cm
- Zackenlitze in Blau, 62 cm
- Fotokarton in Weiß-Rot gepunktet, Blau-Weiß gepunktet, Rot-Blau gestreift, Lila, Silber, Hellblau, Weiß, Rot, DIN A4
- Tonpapier in Sandbraun, Dunkelbraun, Hellgrün, Dunkelgrün, DIN A4
- permanenter Filzstift in Schwarz
- Fineliner in Schwarz
- Strasssteine, selbstklebend, in Weiß, Grün, ca. 2,8 mm Ø
- Textilkleber
- doppelseitiges Klebeband
- Bastelkleber

Vorlage M

1 Bei dieser Schultüte wird die Stoffmanschette zuerst angebracht. Halten Sie sich dazu an die Anleitung auf Seite 8 und verzieren Sie den Rand mit Zackenlitze.

2 Übertragen Sie den Tintenfisch auf Fotokarton in Lila (s. Seite 7) und bemalen Sie ihn entsprechend der Vorlage mit schwarzem Fineliner. Fixieren Sie den Tintenfisch so, dass das obere Tentakel sowie die obere Hälfte des Kopfes über den Rand hinausragen. Verwenden Sie auf dem Stoff Textilkleber.

3 Den Rumpf des U-Boots aus gelb-weiß gepunktetem Stoff arbeiten. Dazu bekleben Sie die Rückseite des Stoffes mit doppelseitigem Klebeband, übertragen darauf die Vorlage und schneiden den Rumpf aus.

4 Schiffsschraube, Periskop, Bullauge und Nietenband aus silberfarbenem Fotokarton anfertigen; die Fensterscheibe aus hellblauem. Malen Sie die schwarzen Details auf, bekleben Sie alle Kartone auf der Rückseite mit Klebeband und schneiden Sie die Motive aus dem Klebebandstreifen aus.

5 Übertragen Sie den Umriss des Schiffsrumpfes dünn mit Bleistift auf die Schultüte. Es soll so aussehen, als würde der Tintenfisch danach greifen. Positionieren Sie Periskop und Schiffsschraube an den entsprechenden Stellen 2 bis 3 mm innerhalb der Linie. Fügen Sie den Schiffsrumpf, das Bullauge, die Fensterscheibe und das Nietenband hinzu.

6 Auf die gleiche Weise werden die Einzelteile für die Fische hergestellt und aufgeklebt: Körper aus den gemusterten Stoffresten, Flossen, Maul und Augen aus Fotokarton. Die Pupille mit schwarzem Filzstift aufmalen.

7 Schneiden Sie die dunkelbraune Schatztruhe aus und bemalen Sie sie laut Vorlage. Bringen Sie die Strasssteine so auf, dass es aussieht, als hingen kostbare Juwelenketten aus der Schatzkiste heraus. Arbeiten Sie insgesamt acht Wasserpflanzen laut Vorlage in zwei Grüntönen.

8 Fertigen Sie eine sandfarbene Ummantelung für die Tütenspitze an, wie auf Seite 9 beschrieben. Die obere Kante wie einen Meeresboden sanft wellenförmig zuschneiden. Legen Sie die Ummantelung testweise Naht auf Naht um die Schultütenspitze und übertragen Sie die Oberkante dünn mit Bleistift auf die Schultüte.

9 Kleben Sie Schatzkiste und Wasserpflanzen mit Bastelkleber ca. 5 mm innerhalb dieser Linie auf, dabei die Schatzkiste direkt unter dem U-Boot positionieren und die Wasserpflanzen immer paarweise gleichmäßig um die Schultüte herum verteilen. Kleben Sie erst dann die Ummantelung fest.

10 Füllen Sie die Tüte nach Ihrer Wahl und verschließen Sie die Manschette mit blauem Chenilledraht.

Wilde Tiere

Material

- Schultütenrohling in Braun, 70 cm
- Tonkarton in Gelb, Orange, Weiß, Schwarz, Hellbraun, Braun, DIN A4
- je 2 Tonkartone in Grün, Hellgrün, DIN A4
- Krepppapier in Grün, 65 x 40 cm
- Chenilledraht in Grün
- Filzstift in Schwarz, Braun
- Bastelkleber
- doppelseitiges Klebeband
- Lochzange

Vorlage N

1 Übertragen Sie die Vorlagen für die Tiere (s. Seite 7) laut Foto auf den entsprechenden Tonkarton, schneiden Sie alles aus und kleben Sie die Tiere mit Bastelkleber zusammen.

2 Die Punkte für das Krokodil gelingen mit einer Lochzange am besten. Alternativ können sie mit einer Nagelschere ausgeschnitten werden.

3 Die Flecken auf dem Giraffenhals mit braunem, die Zebrastreifen und die Gesichter mit schwarzem Filzstift aufmalen.

4 Schneiden Sie einen hellgrünen Streifen von 8,5 x 35 cm als Gras der Länge nach 3 cm tief zackig ein. Fertigen Sie etwa 25 Blätter in den Grüntönen an.

5 Bringen Sie die Manschette an, wie auf Seite 8 beschrieben. Bekleben Sie die Kante so mit den grünen Blättern, dass diese sich leicht überlappen.

6 Fixieren Sie das Äffchen an der oberen Kante, als ließe es sich vom Blätterdach herunterbaumeln.

7 Löwe und Zebra kleben Sie nebeneinander auf das Gras; die Giraffe schaut links dahinter hervor.

8 Fixieren Sie das Trio samt Gras mit Klebeband mittig so auf der Tüte, dass die Löwenmähne und der Zebraschweif abstehen. Das Krokodil ca. 2 cm darunter hinzufügen.

9 Verschließen Sie die Tüte zum Schluss mit grünem Chenilledraht.

Bunte Dinos

Material

- Schultütenrohling in Orange, 70 cm
- Tonpapier in Petrol, Rot, Hellgrün, Dunkelgrün, Hellblau, Lila, Pink, Rosa, Weiß
- Filzstift in Schwarz
- Stoff in Gelb mit orangefarbenen Kringeln, 65 x 40 cm
- Zackenlitze in Lila, 62 cm
- Chenilledraht in Orange
- Bastelkleber
- Textilkleber

Vorlage O

1 Übertragen Sie alle Vorlagen, wie auf Seite 7 beschrieben, und schneiden Sie jeden Dino zweimal zu: den Brontosaurus in Petrol, den Tyrannosaurus in Dunkelgrün, den Euoplocephalus in Lila und den Stegosaurus in Pink. Bringen Sie beim Euoplocephalus und Stegosaurus die hellblauen bzw. rosafarbenen Zacken auf der Rückseite an.

2 Stanzen Sie für jeden Dino aus der jeweiligen Farbe (s. Foto) kleine Kreise von 2 und 4 mm Durchmesser mit der Lochzange aus und kleben Sie diese mithilfe eines Schaschlikspießes auf.

3 Die Augen aus weißem Tonpapier arbeiten, mit einer schwarzen Pupille versehen und das Auge aufkleben.

4 Fixieren Sie die Dinos gleichmäßig verteilt mit Bastelkleber auf der Tüte. Die Zwischenräume füllen Sie mit Knochen und überlappenden Blättern.

5 Vollenden Sie die Tüte mit Stoffmanschette, Zackenlitze und Chenilledraht, wie auf Seite 8 beschrieben.

Wikinger

Material

- Schultütenrohling in Braun, 70 cm
- 2x Tonkarton in Orange, DIN A4
- Tonkarton in Hellbraun, Silber, Gold, Weiß, DIN A4
- Bastelfilz in Hautfarben, DIN-A4
- 5 Brads in Silber, 3 mm Ø
- 3 Brads in Schwarz, 4 mm Ø
- Krepppapier in Orange, 65 cm
- Zackenlitze in Hellblau, 62 cm
- Fineliner in Schwarz
- Chenilledraht in Rot
- Bastelkleber
- Textilkleber
- doppelseitiges Klebeband

Vorlage P

1 Übertragen Sie alle Vorlagen für den Helm und den Bart des Wikingers auf die entsprechenden Papiere (s. Seite 7) und schneiden Sie alles aus. Die Hörner samt Ansatz jeweils zweimal ausschneiden.

2 Kleben Sie die fünf Teile des Bartes nach Abbildung mit Bastelkleber auf und fügen Sie den Helm zusammen. Stechen Sie mithilfe einer Lochzange oder einer spitzen Schere an den markierten Stellen kleine Löcher in den Helmrand und bringen Sie die silberfarbenen Brads an.

3 Das Gesicht des Wikingers schneiden Sie erst aus weißem Tonkarton zu, bekleben dieses dann flächendeckend mit doppelseitigem Klebeband, schneiden überstehendes Klebeband sauber ab und kleben den Karton auf hautfarbenen Bastelfilz.

4 Schneiden Sie das Gesicht anschließend sauber aus dem Filz aus und bringen Sie die schwarzen Brads als Augen an.

5 Fügen Sie Gesicht, Bart und Helm zusammen und malen Sie zum Schluss mit Fineliner die Nase des Wikingers auf.

6 Befestigen Sie den Wikinger mit doppelseitigem Klebeband mittig auf der Vorderseite der Schultüte.

7 Arbeiten Sie die Manschette aus rotem Krepppapier und die Zackenlitze, wie auf Seite 8 beschrieben, und verschließen Sie die Tüte mit Chenilledraht.

Champion

Material

- Schultütenrohling in Weiß, 70 cm
- Baumwollstoff in Grasgrün, 140 x 80 cm
- Fotokarton in Grün mit weißen Punkten, Dunkelgrün, Rot, Gold, Silber, DIN A4
- Stoff mit Fußball-Print, 65 x 40 cm
- Zackenlitze in Grün, 62 cm
- 10 Fußball-Deko-Streuteile
- 2 Schnürsenkel in Weiß, 60 cm
- deckender Gelstift in Weiß
- Filzstift in Schwarz
- doppelseitiges Klebeband
- Textilkleber
- Bastelkleber

Vorlage Q

1 Ummanteln Sie zuerst die Tüte mit grünem Stoff (s. Seite 9), übertragen Sie alle Vorlagen (s. Seite 7) laut Foto auf die entsprechenden Papiere und schneiden Sie alles aus.

2 Bemalen Sie die roten Schuhe laut Vorlage/Foto. Stechen Sie bei jedem Schuh in den oberen aufgemalten Schnürsenkel ein kleines Loch, fädeln Sie jeweils den richtigen Schnürsenkel hindurch und ziehen Sie die Enden gleich lang.

3 Bekleben Sie jeweils fünf Wimpel pro Grünton mit Streuteilen. Bringen Sie die Manschette an, wie auf Seite 8 beschrieben, fixieren Sie die Wimpel mit Textilkleber auf der Stoffkante und fügen Sie oben die Litze hinzu.

4 Kleben Sie den Pokal mit Bastelkleber zusammen und fixieren sie ihn mit Textilkleber (nicht die Henkel) auf der Tüte. Damit das Papier gut haftet, den Pokal einige Minuten von innen z. B. mit vollen Konservendosen beschweren.

5 Bringen Sie für die Schnürsenkel ein kleines Loch laut Foto im oberen Rand der Tüte an, ziehen Sie die Schnüre hindurch und verknoten Sie sie. Chenilledraht verschließt die Tüte.

Impressum

Entwurf und Umsetzung: Ella Hartmann
Lektorat: Irmgard Böhler
Gesamtgestaltung und Satz: Arnold & Domnick
Fotografie & Styling: Florian Bilger Fotodesign
Reproduktion: RTK & SRS mediagroup GmbH
Druck und Verarbeitung: Ömür Printing, Istanbul

ISBN 978-3-8388-3588-4
Art.-Nr. 3588

© 2015 Christophorus Verlag GmbH & Co. KG
Freiburg

Hersteller

Buttinette Textil-Versandhaus GmbH
www.buttinette.de

C. Kreul GmbH & Co. KG
www.c-kreul.de

Efco, Hobbygross Erler GmbH
www.efco.de

Folia Bringmann, Max Bringmann KG
www.folia.de

Heyda, Baier & Schner GmbH & Co. KG
ww.heyda.de

Rayher Hobby GmbH
www.rayher-hobby.de

Kreativ-Service

Sie haben Fragen zu den Büchern und Materialien? Frau Erika Noll ist für Sie da und berät Sie rund um alle Kreativthemen. Rufen Sie an! Wir interessieren uns auch für Ihre eigenen Ideen und Anregungen. Sie erreichen Frau Noll per E-Mail: mail@kreativ-service.info oder Tel.: +49 (0) 5052/91 18 58 Montag–Donnerstag: 9–17 Uhr / Freitag: 9–13 Uhr

Besuchen Sie uns im Internet: www.christophorus-verlag.de